들판에 누워

신평

대구에서 출생. 경주의 자연을 사랑하며 이곳에서 오랫동안 농사를 지어옴. 경북중고등학교를 거쳐 서울대학교 법과대학 졸업. 서울, 인천, 대구, 경주의 각 법원에서 법관 역임. 미국, 일본, 중국의 여러 대학에서 수학, 법학 박사. 경북대 법학전문대학원 교수, 한국헌법학회장 등 역임. 공정한 사회의 실현을 위해 평생 힘을 내었음. 2018년 대한민국법률대상 수상. 현재 변호사로 활동 중.
시와 수필로 등단. 시집 『산방에서』 출간. 이 시집으로 2012년 일송정문학상 수상. 한국문인협회 회원.
lawshin@naver.com

들판에 누워

—

초판1쇄 2019년 5월 20일
지은이 신평
펴낸이 김영재
펴낸곳 책만드는집

—

주소 서울 마포구 양화로3길 99, 4층 (04022)
전화 3142-1585·6
팩스 336-8908
전자우편 chaekjip@naver.com
출판등록 1994년 1월 13일 제10-927호

—

ISBN 978-89-7944-689-0 (04810)
ISBN 978-89-7944-354-7 (세트)

책 만 드 는 집 시인선 123

들판에 누워

신평 시집

책만드는집

| 시인의 말 |

두 번째 시집이다. 이 안에는 내 삶이 어두운 구름에 덮이고 사시나무처럼 벌벌 떨었던 기간의 기록도 있다. 내가 가진 모든 것이 상실될 수 있다는 두려움이 끔찍했다. 그런데 그 고통의 와중에서 신앙을 가지게 되었다. 일상적으로 신의 자비와 축복을 바랄 수 있게 되었으니 얼마나 다행한 일이랴.

현기증을 일으키는 어지러운 세태에서 시는 내가 몰래 몸을 돌려 간신히 숨을 내쉴 수 있는 공간이었다.

내가 얻었던 위안이 시의 모습으로 비친다. 이것이 일으키는 동심원 파장이 냇가에 손을 담근 다른 이들에게 조금이라도 미쳤으면 하고 간절히 바란다.

이미 예순을 훌쩍 넘은 나이, 머리에는 흰 서리가 수북하다. 조심조심 발을 내딛는다. 내 발자취가 아이들에게, 후인들에게 부끄럽지 않기를 바라는 마음이다.

—2019년 5월

신평

| 차례 |

3부

4부

5부

1부

들판에 누워

늙은 나이에 봄은
언제나 과분한 고마움이다
이른 봄 따스한 양기가 퍼진 들판에 누워본다
하늘이 너무 가까이 다가와 계면쩍은데
먼 차 소리 투명하게 흩어지고
새들 지저귐은 퐁퐁거리며 날아다닌다
아, 아직 달린 마른 잎 하나
희미하게 나뭇가지 비빈다

하늘과 새와 나무는 나와 같은 것일까 아닐까
나는 무엇일까

가난한 마음

불면의 시간들로
눈앞이 캄캄할 때
목마른 사슴처럼
내 주를 부른다
마음이 가난한 이는 마음을 쉬 비우나니

비워진 마음에
내 주가 오시어
모든 일 버텨내는
큰 힘을 주시니
마음이 가난한 이는 청복을 가지리라

* 김수환 추기경이 선종하신 지 10년이 된 날이었다. 그는 사제 서품부터 추기경 서임까지 긴 세월 동안 불면의 고통에 시달렸다고 한다. 하느님은 왜 그에게 이 고통을 주셨을까 하고 생각해보았다.

길

옛날엔 길 갈래 보며 골라 갈 수 있었는데
어느새 내 앞엔 한길밖에 없구나
이 길이 어디로 가건 이미 정해진 종착지

잠시만 쉬고 싶어도 다른 길 찾고 싶어도
길머리 눈 부라리며 어서 오라 재촉하니
잔걸음 나가는 길 앞 안개가 걷힌다

저 곳에 닿으면 이제 곧 닿으면
모든 걸 안에 담고 그대로 삭여야지
행여나 은총의 엷은 빛 가슴에 안길거나

기도

너는 흙에서 나왔으니
흙에 고통의 땀을 쏟아라
분노와 한숨은 모질게 네 영혼을 갉아먹으리

네 땀과 눈물은
어느덧 바람이 불어 마르고
흐릿한 대지는 무표정하게
네 숨을 거두어 간다

흙으로 돌아간 너
바람은 다시 불어 먼지로 날려 보내고
너는 무엇이고 어디에 있었더냐

깊은 물속 큰 어둠에서 솟는
초월에 대한 열정
초원의 풀 사이 빛으로 타오르고

빛 속의 빛이 비친다

문득 깨달음으로
신의 광휘에 포섭되니
아 기도는 나의 힘, 내 존재의 의미

나무 왕관

끝이 가까워지면 처음이 보인다
시간은 거슬러 올라간다
스쳐 지나가는 주마등
하나하나에 생기는 순간의 정지

기쁘고 좋았던 적 없지 않으나
왜 그랬을까
뉘우침이 덮쳐버린다
이제 조용히 모두 거두어
나만의 광에 넣는다

내 작은 안식처
햇볕 드는 낡은 창문 향해
가만히 나무로 만든 왕관을 쓴다
가난한 마음으로 드리는 기도
덜 끝난 삶의 매듭 만지며
고요 속에 가라앉는다

믿음

나에게 모자람 있어 완전을 갈구하고
내 약함이 나뒹굴 때 무릎을 꿇으니
오로지 나를 버리고 또 다른 나를 찾는다

내 안에 오시는 그분을 간구하며
내 약함과 모자람 부끄럽지 않으니
바람에 나부끼는 저 풀 한 포기 같아라

비밀

나는 이제 비밀을 갖게 되었어요
다른 사람에게는 말할 수 없는
말해봤자 아무 소용도 없는
하지만 내게는 소중한
비밀이지요

땡볕 내리쬐는 한적한 여름날
실잠자리 한 마리
왜 연꽃 사이로
하릴없이 돌아다니는지 혹 아나요

그가 그렇게 하지 않으면
우주가 무너져요
그가 그렇게 함으로써
살아 있어요

한 존재를 향한 크나큰 믿음
나만의 비밀로 간직하며
실잠자리처럼 기쁜 마음으로
절뚝거리는 생을 부축해나가지요

비움

무서리 내려 흰 벌판
홀로 아득히 서니
늦가을 낡고 해진 풀잎들

풀잎에서 떨어지는
눈물방울 모여
강이 되고 바다가 된다

너를 비워, 너를 비워
나직한 안개의 소리

비움으로써 가난해지고
가난해진 자리에
은총이 담긴다는 말

아침 햇살이 반짝인다

지나가는 여름

비 내린 후 깊어진 성당 마당
새들 지저귀는 사이로
가을빛 천천히 내려앉는다
아직 여름이라
매미 소리 가득한데
계절은 아픈 소리 삼킨 채
조금씩 뒷걸음친다
뭐 하나 좋아질 리 없는
쓸쓸함에 목이 메고, 걸상에 앉아
옅어지는 빛 매만진다

2부

첫사랑

긴 밤 한 올 한 올 풀어 헤쳐
소주잔에 담그는 나
아직 너를 잊지 못해 이러는 줄
너는 알고 있니
유난히 차갑게 별이 빛을 잃어버리던 날
흐드러진 봄 꽃잎 사이
시든 청춘 목을 떨구었다
세월의 역마는 쏜살같이 어둠을 달리고
영영 지나가 버렸건만
내가 너를 잊지 못하니
밤은 끝없이 찾아오고
나는 소주에 녹여 밤을 마신다

연정

내가 이 자리에서 목 잘려 죽는다 해도
너에 대한 말 한마디 꺼낼 수 없음은
너를 사랑하기 때문도 아님이요
너와의 사랑이 아쉽기 때문도 아님이요
오직 지나간 내 청춘이 취한 하늘의 별 되어
흐릿하게 빛나기 때문이다

가을

가을은 왜 이렇게 어눌하기만 할까
하고 싶은 말을 아예 감춘 채 시치미 뗀다
하늘은 짐짓 무심한 표정이고
바람도 그냥 실없이 지나가 버린다
좋아한단 말 한마디 못 하고
끙끙 앓으며 너 잘되기만을 바라는
그래서 바보 같지만 속에 담은 말이 많은
어느 남정네의 초상이 떠오른다
길 가다 혹여 돌부리 받혀 넘어질까
곧 닥칠 북풍한설 찬 기운에 장작이라도 때고 살까
애닳아 하면서도 내색 한 번 할 수 없는
그 남자가 바로 가을이오

기다림

누군가 다가온 듯
귀가 열린다
귀에 닿는 얇은 숨결
누구의 것일까

꽃잎 열릴 때
호수 위 잠자던 바람
기지개를 켠다

세상 어느 꽃
그대 숨결만 할까

속절없이 쌓이는 기다림
꽃은 떨어지고
아득히 멀어지는 떨림

연鳶

스쳐 가는 바람이 아쉬운 까닭은
그냥 사라지기 때문이다
나뭇잎 잠깐 팔랑거리는 흔적

연두색 새싹이 귀한 까닭은
생명으로 넘쳐나기 때문이다
여름 지나며 새겨질 소멸의 어두운 반점들

아쉽고 귀하단 여김을 받을 때
홀연 없어질 수 있다면
얼마나 좋을까

구차한 삶이라도 떠나보낼 수 없어
손바닥에 붙들어 맨 실로
놔줬다 늦추었다 한다
종말의 시간 가늠도 못 한 채
느린 해 쳐다보며 긴 하품을 한다

우리

네가 들어올 때 나는 물러섰고
내가 들어갈 때 너는 뒷걸음쳤다
둘은 언제나 손을 마주 잡지 못했다
마음엔 단지 잠깐 마주친 흔적밖에 없었고
이질의 느낌은 사막 한가운데의 별로 떠올랐다
애처로이 퍼덕거린 별

세월의 슬픔 푸른 강물로 쌓였으니
너와 나 사이를 가로막아 흐르고
돌이킬 수 없는 별리別離의 상처
깡마른 기침으로 쿨럭거린다

네가 들어올 때 내가 네 얼굴을 봤더라면
내가 들어갈 때 네가 내 숨결을 들었더라면
그래서 오아시스의 수변에 함께 앉아
긴 휴식의 날개를 퍼덕였을 환상

인연은 강물 속으로 사라진 지 오래인데
지루함에 지쳐 눈이 감기는데
홀연 먼 눈부심으로 나타나는 너

소리를 찾아

나는 귀머거리로소이다
무너진 소리를 찾는 귀머거리로소이다

다른 사람에겐
갖가지 소리
영롱한 빛으로 심어지는데
뭉툭한 다발로 소리가 그냥
내게 무너져 내리오
단을 헤치고 그 속을 들여다보려 하나
아무리 애써도
소리의 가닥을 찾을 수 없소

생이 끝나는 저 너머에는 무엇이 있을까
그곳에 가면 소리가 형형색색
메밀밭 위 햇볕처럼 반짝이고 있을까
하지만 내가 나인 채로 넘지는 못하는

저 경계선 도저하기만 하오

나는 오늘도 소리를 더듬을 수 없는 채
불명확의 무게에 하염없이 짓눌리는
늙은 귀머거리로소이다

늙은 고양이

늙으면 달라지는 것들
눈이 침침해지고
이빨 흔들거리고
녹은 관절에 시린 다리

어느 봄날 아침
다초점 렌즈 치켜세우고
아픈 다리 절룩거리며 걷고 있었다

시골 점방 평상 옆 고양이 한 마리
드물게도 전부가 하얀 털인데
늙은 걸음에 앞다리를 전다
접시 물 홀짝홀짝 마시는 폼
봄바람처럼 한가롭게 누웠다

너나 나나 같은 쩔뚝이

흘기며 쳐다보는 눈 밉지 않다
밝은 햇살 받은 흰 털
수채화 꽃으로 번져나더니
봄 속으로 미끄러진다

이 봄 문 닫고 빗장 걸면
늙은 주름살 하나 더 늘겠구려

톨스토이 인생론

손에 든 수십 년 전의 책
정확히 말해 사십삼 년 전 고등학교 일 학년 때 산 책
퀴퀴한 냄새를 맡으며
금세 떨어져 나갈 것 같은 책 조심스레 펴니
아득히 뭉게구름이 몰려온다
구름의 입자는 어린 내 모습들
눈앞에서 마구 쏟아져 나온다

정가를 보니 육백 원이라
새 책을 샀을 듯한데
하굣길 방천시장 배고픈 속 휘잡아 젓던
이십 원짜리 짜장면 하나 사 먹을 수 없었던 처지
큰 산처럼 들어선 우상 톨스토이의 인생론이니
마른 풀잎 같은 부모님 졸랐겠지
어쩌면 괘씸하게도 거짓말까지 하며 돈 타내어
덜덜 떨며 샀을 터, 어이없는 놈

세로쓰기로 된 책 안에 군데군데 그어진 옆줄
아마 보고 또 보고 했겠다
흐린 눈은 이제 그 뜻을 잡아내기조차 힘들고
그때의 정열과 모색, 환희, 탄성
다 어디로 아련히 날아갔을까
구름 속 하나씩 헤집고 살펴도 알 수 없다

그때의 나와 지금의 내가 분리된 채
옛날 책 사이에 두고 한참 씨름한다

삼십팔 도

폭염이 내리쬔다고 세상이 아우성이다
삼십팔 도가 어인 일이냐고, 아프리카 나라보다 더 덥다고
말들이 지글거린다

소싯적
대구 토박이 어린 소년은
삼십오 도, 이제 여름이네
삼십칠 도, 조금 덥군
삼십팔 도가 되면 덥다고 인정했다
양철 지붕 달궈 더 뜨거워진 열기를 참으며 신음소리 내었다
대구 앞산은 헐벗었고, 신천新川은 메말라
궁핍의 땅은 허옇게 널브러졌다
소년의 입에 푸른 슬픔의 재가 묻었다

그렇게 지나가면 될 것을,
기어코 이겨보겠다고 하다
이순耳順을 넘어 정적靜寂을 씹으며 돌아온 땅
삼십팔 도로 거칠게 표백된 땅
그보다 더 황량한 세태를 가슴으로 끌어안으며
다시 모진 인고忍苦의 숨을 쉰다

쉰여덟

내 나이 쉰여덟 봉우리
일순一巡의 예순 손끝에 닿는 듯
가만히 바라보는 내 안의 나
지구의 중력으로 목덜미는 깊숙이 구부러지고
거쳤던 시간의 마디마디는
날카로운 가시 되어 찌른다
부끄러운 모습 감추려고
얼굴에 헛기침 발라본다

지금부터 조심조심 발걸음 디뎌
다른 봉우리 다다를 때
행여 내 가슴에 환한 빛의 다발 모아질까
내 미소가 타인의 가슴에 별로 반짝일 수 있을까

–2013년 作

비상

상처 입은 새는
상처를 낫게 하려
높이 난다

낮은 곳에서
뭇 존재에 부대끼며 생기는 상처
여기저기 상처로 고통을 가두어둘 수 없을 때
고통이 주는 힘 한껏 모아
꽁지로 내뿜으며
높이높이 비상한다

하늘 꼭대기에서
뇌수는 쪽빛으로 젖어들고
깃털은 야문 바위 되어 펄떡거린다

산다는 것 그래서 날아오른다

노화

젊은 적 상상조차 못 했던 일들이 일어난다
해 지남에 따라 다리가 더 절뚝거리고
이빨은 더 많이 흔들리는데
더욱 참을 수 없이, 자신에게 화나는 일은
너무나 많이 자주 잊어버리는 것이다

소멸 쪽으로 가리키는 늙음의 모든 지표들
내가 없어지는 것 무엇을 의미할까
내가 설정한 관계는 나의 부존재로 어떻게 변화할까

만추의 식어가는 바람
긴 여운 숲에 던지며 지나갈 뿐
나는 흐르는 시간의 구멍 사이로 들여다볼 수 없다

자꾸 검은색으로 짙어지는 망각
종내 얼굴에 꺼풀을 덮어씌운 뒤

소멸의 창고 속으로 밀어 넣을 게다
한순간 퍼덕일 서글픔
그것마저 없으면 너무 메마를까

게으른 산맥처럼 누운 세상
오불관언吾不關焉의 하품 뱉는다

책 정리

겨울 들기 전 따뜻한 날 가려
오래된 책장 마음먹고 정리한다
다시 정리할 기회 없으리라는 희미한 예감에 맞춰
버릴 책 확 버리며 가지런히 꽂는다
중·고등학교 다닐 때 가난한 돈 털어
헌책방 기웃거리며 샀던 책
바다를 뛰어오르는 날치처럼
하늘에 오르고 싶었던 시절 샀던 책
아, 이런 게 아직 옆에 있었구나
책은 정리되어가는데
시간은 오히려 흐트러지며
과거와 현재가 공존하고
과거는 한 줄 실에 꿸 수가 없다

아이들은 나중 책들을 어떻게 할까
아마 도서관에 일괄 기증하려고 하지 않을까

책에 담긴 내 시간들은 공중으로 증발하겠지
어쩌면 기념으로 몇 권 정도
소중히 가슴에 안을 거야
해어진 책꺼풀에 들어붙은 너덜너덜한 과거
용서하며 받아주겠지
아냐, 그 무슨 쓸데없는 소리를
그냥 맡겨두어, 아이들이 어떻게 하건 그건 최선이야

뒤죽박죽거리는 시간 속에
방 안 가득히 퍼지는 몽환
소침한 얼굴로 바라본다

피안

나는 어디서 와서 어디로 가는 것일까
진부한 질문이라 해보나 마나지만
까닭 없이 막막한 날 이어지기 때문이다
주위의 공간은 자꾸 오그라들고
세어보지는 않아도 살날의 숫자는 점점 줄어들며 목이 좁아든다
흰 조약돌 머금은 맑은 시냇물 옆에 핀 한 송이 노란 꽃
인연의 타래 풀어놓으며 그 위로 너풀너풀 날아가는 나비
기억 속 안식의 풍경은 순간에 머물 뿐
삶은 언제나 깜깜한 밤의 힘겨루기
쓰리고 찬 비바람, 무의미한 동력의 전달
어머니의 자궁과 젖가슴에서
내 생명 따뜻하게 시작되었건만
깡그리 지워진 모습들

눈물 풀어 헤친 아지랑이로 피어오른다
먼지 펄펄 나는 쇠잔의 길
돌부리 차이며 힘들게 다다를 언덕
그곳에도 작은 꽃이 피어 있을까
그곳에서 한 마리 나비 되어
환한 봄날 날아오르면 얼마나 좋을까

삼대

어머닌 이팔의 나이에 시집와
만으로 서른여섯에 열 남매 끄트머리 나를 낳았다
나는 그 서른여섯에 비로소 첫아이를 얻었다
어머니, 나 그리고 딸은 그러니까 모두 양 머리를 덮어썼다

열두어 살 될 때까지 제일 좋은 놀이터는 엄마 치마폭이었다
어머니 눈 속에 박힌 달덩어리라
한 번씩 나를 끌어안고 자지러지게 내 새끼야! 하고 흔들어댔다
아비 꼭 닮은 딸을 아끼고 애태웠지만
딸은 언제나 우두커니 구석에서 말이 없었다
그러다 벌컥 감정을 폭발시키던 날, 지구는 둘둘거리며 자전하고 있었다

어머니 누워 계신 군위군 의흥면 어느 야산 마루에서
오늘도 어머니는 나직이 나를 부른다
세상 살아봐야 별거 없데이
아-들 일로 쓰리고 거친 골짜기 넘고 넘어도
가-들 잘 키워가능 게 제일이지
그러다 힘 부치거등
솔바람 타고 이곳에 건너오너라

너

나는 너에게 무엇이었을까
사월 햇볕 받아 반짝이던 물비늘?
수면 위 미끄러지던 늘씬한 바람?
아니면 물 밑에서 펄럭이던 수초? 혹은 밋밋한 물 자체?

그건 아무래도 좋다
어차피 현재는 과거를 연푸른 안개로 덧칠한다
지금은 꽤 근사하게 보여도
아픈 바늘들
과거의 여기저기 숨어 있다

지나간 나의 존재는 언제나 흐릿해도
나로 인해 아마 숱한 상처 안았을 너
말없이 허공에 떠 있는 네 잔영
나는 왜 그 상처를 바로 보지 못할까

내가 무엇이었든
너는 오롯이 너
이미 바다 거쳐 미지의 항구로 간 배

바람의 뜻

1

바람 부는 벌판에 서면 그대가 왠지 생각났다 지독한 황홀, 애초 바람으로 왔다 메마르고 긴 공백을 거치며 떠올리는 그대 모습 언제나 바람이었다 헐떡이며 지나가던 청춘, 그대 그나마 가끔 바람이 되어주었다

2

바람은 먼지가 되어 쌓인다 먼지 펄썩이는 언덕에 핀 오월의 찔레꽃, 서럽게 떤다 매 한 마리 솟구쳐 오른 뒤 날개를 고정한 채 유유히 활강한다 하늘 저편 번지는 정적, 이리로 내려오겠지 지상에 남긴 내 흔적 지워질 때 그대, 약간의 쓸쓸한 바람으로 일렁일까

동굴

갑자기 눈앞에 아무것도 보이지 않는다
얼마간은 그래도 비치던 희미한 빛
깡그리 사라진 암흑

복사꽃 피는 언덕에서 맞던 부드러운 바람
황토에 뿌리 박고 오른 소나무 향기
계곡 웅덩이 피라미들의 완전한 자유로움
아쉬운 모든 것 뒤에 두고 들어온 동굴
필연은 결코 저항을 허용치 않는다

펄떡거리는 생명 이지러지면
들어서는 동굴의 길
거역할 수 없는 지시가 무섭다
동굴은 과연 끝나고 저편 세상이 달리 존재할까
초조한 의문이 동굴 벽 기어오른다
어색하기만 한 이곳
나는 어디에 어떻게 서 있어야 하나

다시 일어서다

이렇게 온통 흐린 날은
풀밭에 엎드리고 싶다
바람은 너울지며
오장육부를 뚫고
흙냄새를 일으킨다

천지간 서럽지 않은 것이
무엇 있겠느냐만
나에게 주어진 작은 공간
그 공간에 엎어져
일어날 힘 잃은 나 자신이 서럽다

긴 호흡으로
마냥 흐르는 시간을 가라앉혀
정갈한 고요의 연못 만든 뒤
비로소 고개 든다

일상의 자잘한 소망은 다시 반짝이고
무념은 눈앞에 충일하다

천천히 아주 천천히
일어선다

작은 깨침

나이 듦에 따라
인연의 색깔
여름 나뭇잎마냥 짙어진다

멈춘 한낮
산비둘기 소리에
비릿한 콩 새순 냄새가 실리고
연못 실잠자리, 소금쟁이 무심한 움직임에
연꽃이 몸을 뒤척인다

한세상 살며 어지러움 없이
오직 차분한 바람이고 싶다
인연의 속을 찬찬히 훑어
고이 어루만지는 바람

낮게 땅을 깔고 지나다가

가끔 바라보는 하늘
구름과 낮달, 새와 벌, 뭇 나비
모두 스치는 인연이다

결기決起

자 이제 한없이 내려가 볼까
아무 힘 없이, 부유하는 한 알 먼지처럼
밑도 끝도 없는 저곳으로
네안데르탈 구석기인들이 살았던
동굴의 차가운 바닥까지
아무려면 어떠냐
이 가슴에 끓고 있는
모진 불을 식히기 위해서라면
퀴퀴한 냄새에 찌든 골방에서
모든 의미 빠져나간 미라가 되는 내 육신
한참의 시간이 꿈틀거리며 지나간 후
머릿속 비집고 들어오는 어느 영상의 불빛
그래, 산다는 것은 어차피 저항이다
굴욕을 견디는 것은 매서운 삭풍이다
오늘, 나는 다시 결기를 거듭하여
엄혹한 일상 앞에 마주 선다

빛-너*

너를 생각하면
벌써 내 마음엔 울렁임 인다

네 모습 다가와
활짝 웃는 그 웃음
메아리로 흩어져 가고

무슨 선업을 쌓았길래
내가 너를 얻어

늘그막 황혼길에
너는
찬란한 빛이 되어 나를 밝힌다

* 막내딸 아이.

3부

벚꽃

눈 뜨고 바라보면
세상에 슬프지 않은 것 어디 있으랴
누구든 파도 센 슬픔의 바다
노 저어 간다
떨어지는 벚꽃 보기 싫어
올핸 그 꼴 보지 않았으면 하고
며칠 숨죽이며 애태웠건만
만개와 동시에 터져 나오는 슬픈 울음들
길바닥 어지럽힌다
바람은 또 매몰차게 다그쳐
이리저리 휩쓸려 가는 맹목의 유랑
더욱 슬프다
꽃 지고 올라오는 새순 보며
내년 이맘때 벚꽃 다시 피기를 기다리니
분간 없는 그 어리석음도
역시 슬픈 일이다

봄은

봄은 역시 봄비로 온다

한 알 두 알
연못에 떨어지는
봄비

긴 잠 깬 물고기
나른한 입 벌려
물 알갱이 줍는다

마른 나무둥치 타고 흘러
언 땅 녹는 소리
들릴 듯 말 듯

봄은
나비의 날갯짓이다

대

마른땅 적시는 오월이면 죽순이 오른다
모란 큰 꽃잎 떨어져 흔들린 하늘 사이
죽순이 올라간다, 여기저기
출렁이는 함성으로

따사한 숨결로 익어가는 계절
죽순 껍질 벗은 햇대 새로 섞여
더 큰 무리 이루는 대나무

대나무는 언제나 흔들린다
혼자서 감당할 수 없는 슬픔
속삭이며 위로받는다
키 낮은 바람 깔릴 때
수런거리는 댓잎 소리
서로 흔들리고 서로를 부둥켜안으며
한세상 시름 비벼 내린다

진달래꽃

보라, 산골짝 골짝
점점이 흩어진 분홍의 아우성
하늘을 향해 발돋움질하는 꽃들
언제까지 소나무 그늘에 갇혀 살 수 없다는
봄의 대기가, 햇볕이 그립고 거기에 합류하고 싶은
욕심

마침내 몇 개의 꽃이 이루는 이탈의 성취

어느덧 꽃은 지고 먼 전설처럼 잎이 돋아난다
숨찬 더위가 산골짜기 기어오를 때
살아나는 현실은 순응을 강요한다
진달래, 나만의 그늘 속으로 다시 숨는다

사라진 꽃의 의미
그것은 피할 수 없이 치밀어 오른

운명을 거부하는 도도함
없어졌으면서도 살아 있는 기억
남은 한 해 내내 되새김질한다
이탈의 견고한 추억이 있기에 오늘을 견딘다

딸기

마당에 난 딸기 보고 있는데
흐려진 마음에 비가 내린다

어느 봄날
함께 딸기 보며 기뻐했던
어린 딸의 얼굴
가녀린 햇딸기 속에 박혀 있다

딸아
청춘의 신고辛苦를 거쳐
어느새 네 얼굴에 드리운 그늘
제대로 해줄 수 없었던,
자책하는 마음에 내리는 비

내 딸아
너는 지금의 너

돌아갈 수 없음은
그래서 돌이킬 수 없음은
터져 내리는 빗줄기

나비

이 몸 한 마리 나비 되어
일렁이는 바람에 취해
주름 잡힌 청산 오르락내리락
외로운 소년 풀피리 소리
저 멀리 어린 처자 흐느끼는 소리
너그러운 봄 햇살에 맡기고
나 혼자 후얼훨
날개 젓는다

이러저러 한세상 지나가거늘
오욕의 땅에 번진 거짓과 미움의 늪
눈 감고 훌쩍 넘어버리고
무심으로 바람 타고 설렁거리며
가슴속 아쉬움의 모래알 응축시켜
초월의 바위로 키워가노라면
점점 뿌리박는 이 몸

온통 번갯불 치며 새 세상 닥친다
바위 때리는 불덩이 맞으며
다시 태어나련다
그곳은 슬픔과 원망 없어지고
강물은 언제나 깊고 푸르게 흐르겠지

들꽃

흙으로 피고 지는
들풀 하나 섰다
가냘픔은 언제나 서럽고
목마름은 멀리 늘어진다
까치발로 마시는 하늘 물
가슴에 가득 모아 뱉어낼 때

문득 터지는 꽃 한 송이
소녀의 꿈이 눈부시다

줄장미

여름 때 맞춰 핀 줄장미
한낮의 긴장을 이기지 못해
떨구는 꽃잎
문득 햇살이 떨린다

수북이 쌓이는 꽃 무덤
꽃잎은 바람에 날려 흩어지고

멀리 달아나는 꽃잎
잡을 수 없어라

꽃잎 떠난 빈자리에
되살아나는 시간
진공의 열기가 힘겨워
가만히 입술을 모은다

꽃

산에는, 산에는 꽃이 피고
들에는, 들에도 꽃이 핀다
하늘과 바람과 별 가슴에 품고
저마다 곱게 피어오른다
달밤에 냇물 소리 꽃잎에 담아
해가 들면 환하게 펴놓는다

세상에 아름답지 않은 꽃은 있어도
아름다우려 하지 않는 꽃은 없나니
아무리 볼품없는 꽃이라도
꽃은 꽃이려니

산에 들에
만장으로 피는 꽃에
황톳길 시오 리 장터 가는 아낙네
시름을 던지고

객지 자식 걱정으로
한숨 못 잔 애비
눈꺼풀 열린다

꽃이 피어, 꽃이 열려
하나로 모이는 세상
꿈속 아련히 부르는 소리 따라
멀리멀리 걸어간다

백일홍

백일홍 나무 생가지
한껏 손 뻗어
부풀어 오른 여름에게 소리친다
비릿한 연정의 내음 묻은 목청
제발 가지 말아달라고

아랑곳없이
가는 채비 서두르는 여름

참을 수 없는 갈증
하늘 혓바닥 갈라지게 하고
균형 잃은 햇볕
사기그릇 파편처럼 마냥 쏟아진다

여름은 차츰 옅어지고
체념하는 백일홍

허공에 뜬 외로움으로
하나 둘 꽃 떨구며
가을 구석을 엿본다

고분 옆 꽃

1

경주에 가면 큰 고분들이 하늘을 두르고 있다 한여름이면 고분 옆 연밭 연꽃들 예쁘게 화장한 얼굴로 하늘에 팔랑팔랑 손 흔든다 웬 꽃들이 갑자기 나타나 수런거린다 카메라로 찍는 이나 찍히는 이나 한바탕 꽃이라 청명한 하늘이 스며들며 아 이처럼 눈이 부시구나

2

멀리 하늘 따라 가는 길이다 포슬포슬한 구름 짚으며 더 많은 꽃을 보고 싶어라 이 몸 이미 꽃일 수는 없어도 꽃에서 터져 나오는 소리 듣고 부풀어 오른다 어쩌면 아직 누군가의 가슴에 여전히 꽃으로 남아 있을지 모른다 그 사람 옆에 서면 왠지 다시 꽃으로 피어날 수 있을 듯하다

상사화

여름이 긴 꼬리 감추는 한구석
땀 뻘뻘 흘리며
연분홍 상사화
깨금발로 두리번거린다
하마 오늘은 오겠지
기다림은 언제나 어긋나고
고요는 단단하게 내려앉는다

가슴 나무

가슴 한구석 후벼 파낸 뒤 씨앗 하나 심는다
괜스레 화날 땐 빨간 물을 주고
갈 곳 잃은 바람 찾아와 흥겨운 주접 떨 땐
파란 물을 주리라
하나의 커다란 나무로 자라나
외로움의 가지 축축 늘어진 시원한 그늘 밑에서
한 권의 책을 읽으리
먼 산 보며 백마 타고 올 초인을 기다릴까
아니 먼 옛날 헤어진 어느 여인의 그리운 환영을 볼 수도 있겠지

고독의 나무는 점점 커가고
무심한 안타까움 구름 속 헤집는다

4부

눈

밖에서 왁자지껄 소리 들려
웬일인가 싶어 방문 활짝 여니
하늘에서 수많은 아이들
한 놈이 다른 한 놈 업고
살포시 살포시 땅에 내리는데
하, 이놈들 차곡차곡 쌓여
곳곳에 눈꽃 만드누나
오직 순백의 동화로 덮인 세상
오늘만큼은 나도 아무 부끄럼 없어라

눈 소리

지금 함박눈 세상 덮어
천지간 경계 허물어졌다
눈 내리는 소리
산과 들 울려 퍼지고
세세히 조각난 빛 하나씩 땅에 쌓여
퍼렇게 반짝이는데

일순 흔들리는 대숲
박새가 자리 옮기자
눈꽃 한 송이
풀썩 떨어진다
한세상 흘러가며 내는 소리
눈만치 따뜻하다

눈 내린 날

찬 바람 헐떡이는 빈 들판에
서러운 사람들 모였다
하늘 내려오며 와글거리는 소리 시끄럽더니
일순 흰 침묵으로 텅 빈 공간을 깔았다
아픈 가슴의 열기일랑 쩍쩍 갈라지는 한기에 맡기고
오직 나는 나일 수밖에 없다는 명징, 그 위에 섰다
저 벌판에도 아지랑이 다시 흔들릴 것이다
침묵은 금이 가며 깨어지고, 그 사이로 나타날 환
한 얼굴들
그날을 기다리며 긴 조바심 갈증으로 삼킨다

소주

가을바람은 소주다
나무들 홀짝거리며 마시다가
불콰한 나뭇잎들 어지러이 떨어진다
인연의 질긴 자석에 엉겨 붙어
마음속 빼곡히 쌓이는 시름들
저처럼 쉬 떨어질 수 있다면
하룻밤 내내 소주 마시지 못하랴

늦가을

바람에 닳은 가랑잎
힘이 다해
스스로 손 놓는다

길게 공중에 그려지는 선
줄 되어 튕기는 소리
쪽빛 하늘로 퍼진다

누가 줄을 건드렸을까

묵상

얇은 바람 연못에 담길 때
나뭇잎 빛을 잃고
먼지 낀 낡은 집 왕거미
여름의 마지막 진지인 양
가로막고 버티는 오기傲氣

무심은 고질이 되어
다만 망각 속으로 잠행해온 시간
모르는 새 거듭된 퇴적
높은 장벽이 되었다

오갈 데 없어 차라리 비운 마음
시간의 벽에 기대어
땅속 꺼져가는 여름 쳐다본다

길

십일월 늦가을
비가 뿌리는데

남은 것 하나 없이
떠나는 길
행여 그리운 소리 잡히나 싶어
귀 기울이면

말할 기력조차 잃어버린 채
빗속 흐느적거리는 우주

예전 사라진 물체의 잔영들
어지러이 공중에 흩어질 뿐

어디 머물러 쉬고 싶은데
길은
혼자서 흘러간다

가을의 여로

세상에 외롭지 않은 것이 어디 있더냐
누구든 외로움을 타고
그래서 낯선 네 품에 파고들고
머리카락을 만진다

적막이 끝 모르게 쌓인 새벽
우윳빛 안개가 말더듬이 흉내 낼 때
긴장을 늦춘 낙엽 하나씩 떨어진다

메마른 갈증 눈 안에서 서걱거리면
허우적대는 몸 지겨워지면
이제 같이 길을 떠나자
생기를 떨군 대나무 숲 소로를 지나
먼 산길 올라가면
소리 없는 아우성으로 흔들리는 나무들
세상에 외롭지 않은 것은 없으니

얇은 햇빛처럼 찾아드는 위안

바람 쪼개지는 언덕에 선다, 저 밑
하늘의 무게로 낮게 깔린
쓸쓸한 삶의 흔적들
비틀거리는 눈동자 안에서
외로움은 하얗게 하얗게 떤다

희망

시월 어느 날 멍하니 있는데, 바싹 마른 감잎 몇 장 그나마 무게 감당하지 못한 채 풀썩 마당으로 내려앉는다 감잎을 흔든 바람, 어디선가 본 기억이 난다 젊은 날 오지게 술 마시고 비틀거리며 골목길에서 맞았던 그 바람 아닌가 바람은 천연덕스레 다시 감나무를 감고, 여전히 감잎 하나 둘 떨어지며, 지나간 세월의 냄새 코끝에 아련하다

이제 바람은 점점 더 차가워지고 새된 소리를 함부로 낼 것이다 상그러운 바람 부는 날 바람 탓할 일 없다 차라리 잔잔한 고옥古屋 처마 밑에서 작은 온기를 전해줄 수 있는 사람의 손을 잡고 그 슬픈 눈에 비친 이야기를 읽고 싶다 아마 바람의 심술로 담벼락을 넘지 못해 너풀거리는 헌 비닐봉지가 자신의 속에 주워 담은 것과 같은 이야기겠지 시간은 식어가는 대지의 밑바닥으로 흐른다

겨울비

겨울비 느릿느릿
힘들게 내리는데

겨우내 얼었던 땅
쉽사리 풀리건만

이 마음 맺힌 슬픔은 풀릴 길 없어라

푸른 밑 창고에
차곡차곡 쌓인 슬픔들

섬뜩한 모습이
두려워 내내 외면했는데

겨울비 헉헉거리며 눈앞에 내놓는다

논일 소묘素描

아래위 논 사이
고랑 따라 물이 잴잴 흐른다
돌에 부딪혀 일어나는 맑은 거품들
들쥐가 한 마리 흘낏 돌아보는데
그 눈에 한껏 담긴 평화
잠자리도 나비도
구부린 어깻죽지에
올라갔다 내려갔다 시소를 탄다

어떤 낯섦이나 두려움도 없는 이곳
무심無心은 벼 사이 길게 드러누워
한숨 잔다

바람이 길게 스친다
억겁의 인연을 환기하며
그렇다, 이것이 마지막이라 한들

다신 마주치지 못하는 것이라 한들
그냥 몸을 뚫고 지나간다

쪽빛 하늘 광막한 고요가 받치고
가슴을 열어젖혀
하늘 물 받아 마시니
쪽빛으로 물드는 온몸
하늘과 나의 경계가 없어지며
하늘은 나, 나는 하늘
한 점 의심 없이 당당한 외침
나는 바로 우주다

어느 여름날

뒷산 솔개
아득한 원을 그릴 때
얼굴 굳은 하늘
봉우리 위에 앉아 꿈쩍 않는다

어디선가 갑자기 딱따구리
나무 쪼는 소리
딱 따다 딱

숲이 술렁이고
고요의 맥이 뛴다
번져 오르는 뭉게구름
하늘은 가만히 얼굴 편다

우후雨後

장마철
묽게 칠한 하늘은
비가 오지 않아도 칙칙하다
힘겹게 누운 대나무
낡은 빗물 조금씩 털어내고
예나 지금이나 매미 소리
숲을 푸른 늪 속에 가라앉힌다
한 바람 기다리며
잡초 쳐내는 뜨거운 낫질
땀방울 떨어지며
여름이 번진다

유월 어느 날

파릇한 물오른
뽕나무 가지 사이
흰 나비 한 마리 펄럭인다
온 천지 햇빛 조각들에
만물은 고요히 반짝이는데
유월의 나뭇가지들
저마다 싱싱한 잎 거느리고
바람 부는 대로 끄덕이는
무념의 반추

저 찬란한 숲
통째 가슴에 넣으면
펄떡이는 녹색 심장
게으른 하품 짓는 하늘 향해
푸른 피 뿜어 올린다

기다림

1

한낮의 부드러움이 살랑거리고 마당을 서성이는 산비둘기 발자국 가볍다 텅 빈 마루에 앉아 바라보는 대문, 긴 바람 한 번 썰렁 지나가고 말 뿐이다 나를 바라보는 개도 누군가를 기다리는지 눈빛이 그윽하다 먼 한길에서 자동차 소리 날아와 실없이 나무들에 박힌다 나른한 낮의 팔뚝에서 가끔 펄떡이는 맥박, 딱히 달라질 것 없으나 귀 기울여본다

2

한번 지나가면 그만인데, 기다린다고 달라질 일 없다 목을 태우는 갈증은 그냥 지그시 누를 일이다 그래도 약간 남는 아쉬움들 햇볕 부스러기로 공중에 흩어진다 먼 산 향해 날아가는 매화 꽃잎들에 분분한 마음을 실어볼까 움츠러든 답답함을 날려버리면 그곳에 맑은 샘물이 솟을까 갑자기 하늘의 하얀 이빨 사이로 드러나는 웃음, 깔 깔 깔

봄 풍경

동백꽃 빠알간 한 송이
넘치는 봄빛 감당할 수 없어
이파리 부르르 떤다
햇살 미끄러지며
조금씩 정오를 건너고
숲이 고개를 쳐드니
사방 가득한 새들
요란한 날갯짓에 바람 일렁인다
헐렁한 오후
천천히 내려오는 연두색 장막에
몸을 묻는다

나이

오월 아카시아
허리 부러지게 꽃대 달았다
오월 하늘은 언제나 손에 닿고
뻐꾸기 소리 언제나 나른하다
전설처럼 고요하게 내려앉은 숲
한 언저리에 서서
이제 기다리는 사람 하나 없으니
어쩌면 홀가분한 마음
나무는 나이 들수록
몸통을 비우나
사람은 나이 들면
생각을 비우고 가벼워져
아카시아 흰 꽃잎 타고
뻐꾸기에게 찾아갈 일이다

5부

분수

내 안의 슬픔 차올라
숨이 턱 막힐 때
나는 광장의 분수 되어
힘껏 뿜어 올린다

빛은 부서져 무지개로 피어나고
바람은 부서져 먼 기억의 향기로 퍼진다

한낮의 나른한 오수
풀 죽은 깃발로 흔들리고
일상의 흔적들
어지럽게 덜컹거리니
위안은 어디에도 없는 새
분숫물 다시 차오른다

외면

차마 보지 않으려
산도 들도 바람도 보지 않으려
고개를 떨구고 눈을 꽉 감는다
가슴은 오래전에
마른 나무토막으로 굳었다
딱딱한 이 가슴, 어떤 습기도 허용하지 않은 채
마지막 진까지 말린다
내가 소망했던 그 무엇들
산 너머 들 너머 여전히 반짝이겠지
과거의 회칠이 번져들며 잔상들 흐릿하다
여긴 비정과 폭력이 난무하는 땅
상처를 입지 않기 위해 할 수 있는 것
오직 가슴의 문을 닫고 말라갈 뿐이다
모진 격리의 슬픔 도저히 견딜 수 없을 땐
허공을 향해 꺽꺽 소리 낼 뿐이다

허수아비

내 못났다고 손가락질 마라
아예 못나기로 태어난 목숨
난들 어쩔 수 있었겠나
체념의 긴 한숨은 이미
낡은 돌로 굳었다

어느 누구도
잠시건 나에게 기댈 수조차 없이
언제나 혼자서 헐레벌떡거리며
누구도 품어줄 수 없는 외로움

잠자리 둥근 원을 그릴 때
바람이 산 밑 훑으면
땟국 흐르는 운명일랑
소매에 접어 넣고
너풀거리는 옷깃,
마냥 못난이 춤춘다

겨울나무

겨울나무는 푸르르다
희망을 붙잡는 마음이 있어 푸르르다

광막한 대지에 눈 덮이고
얼어붙은 강물 노래를 끊어도
푸른빛 고이 품는다
무시로 덮쳐오는 소멸의 현기증 아득해도
이겨낼 것이라는 믿음에 뿌리를 칭칭 감는다

언젠가 이 모든 고통
사라질 것이다
모두 그렇게 이 악물고 버티어왔다고
모질게 엮어진 역사歷史
틈을 열어 속삭인다

겨울나무는

무릎을 꺾지 않는다
눈앞을 가리는 지독한 슬픔과 환상
하염없이 누르며 아무렇지 않은 듯 서 있다
언젠가 새 하늘 열린다는 소망
허기진 속으로 집어삼키며
푸르게 푸르게 서 있다

찔레

갈라진 오월 하늘
샛노란 바람개비로 돌아간다
아, 이 현기증
저 멀리 한의 바다 넘실거린다

축 늘어진 어린 자식 앞에
고개 숙인 이 땅 아낙들, 못난 애비들
애간장 녹아 이룬 바다

저제나 이제나
오월 가파른 언덕에
하이얀 찔레꽃 피는데

이 땅 갑이라는 놈들 죄다
을의 어깻죽지 올라앉아
피 빨아 배 채운다

아무것도 모르는 듯
찔레꽃
눈망울 애써 맑다

얘야, 얘야

사월의 꽃대 위에 오른 봄
하늘은 또 어찌 저리 맑은지
버거움에 눌린 목덜미
밑으로 밑으로 처진다

한 아이가 또 죽었단다
이십 층 꼭대기에서 뛰어내린 아이
차마 죽고 싶지 않아
지나가는 사람에게 "저기요!" 절규한 아이

하늘이 휘두르는 번득한 칼날
선홍빛 피가 하늘로 솟는다
피는 저주로 내려와 땅을 더럽히고
살 수 없는 무간지옥으로 변하리라

봄이 와도

봄을 느끼지 못하는 허연 안타까움
쩍쩍 갈라진 입술에 바르고
네 어린 영혼을 부른다

살아나 다오
너 살아날 때
가슴에 얹힌 바위 새털로 바뀌어
봄바람에 실려 가련만
저주의 덫에 걸린 생각
실성한 헛소리가 된다
살아나 다오, 제발 살아나 다오

* 2012년 4월 16일 아침, 영주의 아이 하나가 또 자살로 생을 마감했다.

세월호

도저히 풀 수 없는 슬픔이라면
그가 내는 길 무작정 따라가야지
먼지 펄펄 나는 길 허덕이며 오래 걸으니
저 먼 속에 퍼덕이는 갈매기들
깃털 하나씩 가슴 항아리에 담아
돌아오는 길, 참을 수 없어 꺼이꺼이 울었더라
세월아, 아이들아

쏭바강으로 가는 밤 열차

남십자성을 쳐다보며 탄
호찌민시에서 푸옌성으로 가는 밤 열차
아래위 세 칸에 옆으로 둘, 허리를 펼 수 없는 옹색함이 힘겹다
쉴 새 없이 쿵쿵거리는 바퀴의 진동
누운 내 몸을 밤새 둘로 나누었다
머리와 발이 따로 놀며 어둠의 공간을 헤매었다
섬광은 감긴 눈 위를 자주 때리고
알 수 없는 흥분이 숙지질 않는다

그때 내가 왜 그랬을까
중국에서 신세 졌던 교수의 한국 강연에 찾아보지도 않고
아, 그 친구 혼사에 왜 빠졌어
아이들 일도 하나씩 채근하듯 되살아나
눈 감은 몸 위에 부서져 잔해로 쌓인다

세상에 이다지도 빚을 갚지 못한 채
여덟 시간 반의 긴 여정은 이어진다

어제 웅크리고 기었던 꾸찌터널
어둠의 막연함에 질식했다
그들이 남긴 치열한 삶, 사랑과 증오, 헌신의 기록들
이제 땅굴 속의 한 줄기 바람으로 변했다
전쟁의 엑스터시는 사라지고
지리멸렬한 일상의 날카로움이 그들의 삶을 찢는다

거대한 전쟁이 남긴
단 하나의 진리
스러진 풀포기 하나의 삶이라도
지극히 귀중하다는 것
내가 숨 쉬고 존재하기 위해
받아들여야 하는 명제

머리와 발은 제각각 구름 위로 솟은
두 개의 봉우리가 되어 먼 아래를 내다본다
한국 동해안을 올라가는 기차가 보이고
아마 옆에는 해가 꼬물거리며 올라오고 있겠지
아니 여기는 베트남 동해안
머지않아 푸옌성에 닿으면
쏭바강이 모습을 드러낼 것이다
오 위대한 평화의 강
참혹한 살육의 현장을 모두 품고 삭여낸 강
그 안에 내 머리칼을 모두 풀어 헤치고 싶다
그 물로 내 혈관 구석구석을 적셔 드러눕고 싶다

밤은 쉴 새 없이 차창을 두들기고
평화를 찾는 밤 열차
불면의 시간을 쪼개며 달린다

드안응이와*와의 만남

갑자기 빙빙 돌아가는 태양 아래
총소리, 수류탄 터지는 소리, 절규와 신음
죽음의 탑 위로 솟아오르고
땅바닥 피 합쳐지며 이룬 원한의 바다
억겁의 침묵 내려와 그 위를 단단히 덮었다

무더위에 가쁜 숨 쉬는
베트남 꽝아이성 빈선현 빈호아 마을
가난한 흙집 의자에 앉은
그의 얼굴, 깜빡거리는 작은 눈에 담은 미소
얼핏 완강한 침묵에 부르르 금이 가는 듯

보이지 않는 눈으로
보이는 빛을 찾으며
그가 부르는 노래, '조그마한 봄'
그의 손이 튕겨내는 가냘픈 기타 소리

대기를 포근히 주무른다

균열이 간 침묵 조금씩 녹아내리고
뒤집어진 세상 자리를 찾는다
그와 우리의 얼굴에 함께 흐르는 땀
약간의 피 씻어낸다

* 1966년 12월 한국군에 의한 마을 주민 학살 당시 그는 엄마 품에 안긴 생후 6개월의 아기였다. 총탄을 맞은 어머니는 그를 두 팔로 감싼 채 쓰러지고 그 위에 사살된 시신들이 계속 포개졌다. 몇 개의 수류탄이 다시 던져져 시신들을 찢었다. 스콜에 씻겨 흐르는 수류탄 파편 탄약 가루와 흥건한 핏물에 그는 눈이 먼 채 단 한 사람의 생존자로 구조되었다.

불꽃

깊숙이 하늘막 뚫고 오르는 폭죽
숨 가쁜 정점에서 터지던
동경 스미다가와墨田川 강변
치열한 혼돈 불꽃으로 산화할 때
막막한 젊은 가슴 타오르며
검은 강물에 재를 묻었다

명멸하는 불꽃
찰나의 선 긋기이려니
사라진 자리 어둠 선명하다

이제 세월의 때는
빛과 어둠의 경계 흐리게 하고
일상의 나른한 덫에 걸려버린 나
단절의 의식 무겁게 치밀어
폐쇄된 공간으로 밀어 넣는다

이탈하고픈 욕망
고개를 파묻고 눈을 감은 채
불꽃 사이 어른거리는
아득한 모습 찾는다
아무리 다가가도 똑같은 거리
깊게 잠긴 시선으로 대꾸하며
저만치 가만히 있다

나 구름이오

내가 맑은 구름이 되어
저 먼 하늘 떠다닐 때
당신은 내 보드라운 솜털 위에
몸을 실을 수 있나요

이리저리 하늘 풀어 헤치고
세상 구경 헤매고 다닐 때
사람살이 고단함에 몸이 저려오나요

만주 벌판 외로운 옥수수밭 지나
애기똥풀 잔뜩 모인 곳
고구려 왕들 숨 쉬는 곳에 가봐요

물살 센 압록강 내려다보며
왕들이 하는 얘기 마디가 무엇이던가요
혹 고요에 힘겨워 내쉬는 탄식을 들어보았나요

역사는 자맥질하며 그저 흘러가고
사람들은 순간의 덫에 몸을 던지고
당신은 어느덧 나한테서 내려가고

나는 단지 정처 없는 구름이오

* 어느 해 압록강이 빤히 내려다보이는 기슭 고구려 왕들 무덤을 찾았을 때 유난히도 노오란 애기똥풀꽃이 많았다.

천지 기행紀行

숲을 지날 때
자작나무 껍질 벗는 소리 들린다
태고의 돌은 아무렇게나 널려 있고
먼 침묵은 곳곳의 봉우리로 서 있다

오랜 기다림 끝에 다시 찾아간 너
내 비루한 일생은 가파른 낭떠러지 밑으로 굴러
두꺼운 안개의 외투가 입을 벌린다

네 얼굴 보기를 초조히 기다리는데
문득 장엄한 발길로 물러서는 안개
저 깊숙한 곳에서 반짝이는 무수한 날개
그것은 네 에메랄드빛 얼굴이었다

잠시 마주 선 환희
그러나 다시 점령해버린

도저히 뚫을 수 없는 회색 군단

내내 떨어져 있어도
서로의 행복을 기원하는 아름다움
돌아서는 가슴에 가득 출렁인다

만주 벌판에서

만주 벌판 하늘에
여기저기 박힌 구름들
태곳적 모습 그대로
꿈쩍 않는 정물의 세계

한 번씩 부는 바람
머무는 시간 쓸어 담아 가고

오늘 여기 와
끝 보이지 않는 옥수수밭에
우뚝 발 딛고 서니

덮쳐오는
세월의 무게에 오그라들어
작은 화석으로 굳는다

등남산기登南山記

대숲 길 멀리 잿빛 공간으로 떨쳐버릴 때
숨이 차오른다
무염한 눈송이들 날리는데
하얀 증기 입으로 내뱉으며
나는 죄인이야, 죄인이야

먼 기차 바퀴 소리
빈 들판 가득 채우고
한 해의 끝 한 점 자락으로 말려든다

어쩔 수 없는 선택이었다 해도
어설픈 광기처럼 빠져나간 소망
후들거리는 아랫도리 버겁다

기와 조각 널브러진 용장사지 지나
먼 하늘 바라보는 삼층석탑

애처로운 목마름 계곡에 밸어 내리는데
간 사람은 다시 오지 못하고
낡은 한 토막 필름 안에 박힌다

가자, 어서 가자
길이 끝나지 않을 때
죄가 벗겨지리라는
희망 이어지는 것이니
눈 쌓여 다시 돌아오지 못한다 해도
이대로 있을 수는 없다

소나무 가지 위 쌓인 눈
푸르른 정기 내뿜어
침묵이 응집한 길 저 끝
견고한 적막의 성채 입을 가득 벌리고
내 전부 내맡긴 채 빨려든다

나는 죄인이야, 죄인이야
오직 남산 줄기를 타고 흐르는 여운
그마저 세찬 바람에 흩어진다

꿈

한평생
겁 모르고 살아왔으니
입바른 소리 잘하고
철철 넘치는 투지로 앞장섰다

서산에 걸린 구름
황혼이 드리워
처연한 모습에 눈시울이 붉어진다

자식들은 나처럼 살지 않기 바라며
오직 무난하게 살아가야 한다고 일러주었으니

엎질러진 물은
물동이에 담기지 않고
성난 벌 떼들 벌집 건드린 게 분하여
여태 끝없이 달려든다

온몸에 드는 한기에
벌떡 깨어나니
한바탕 꿈이었구나

| 해설 |

치열한 삶과 지성의 혜안이 피워낸 서정의 힘과 깊이

이경철 문학평론가 · 전 중앙일보 문화부장

"상처 입은 새는/ 상처를 낫게 하려/ 높이 난다// 낮은 곳에서/ 뭇 존재에 부대끼며 생기는 상처/ 여기저기 상처로 고통을 가두어둘 수 없을 때/ 고통이 주는 힘 한껏 모아/ 꽁지로 내뿜으며/ 높이높이 비상한다// 하늘 꼭대기에서/ 뇌수는 쪽빛으로 젖어들고/ 깃털은 야문 바위 되어 펄떡거린다// 산다는 것 그래서 날아오른다"(「비상」 전문)

신평 시인이 두 번째로 펴낸 이번 시집 『들판에 누워』는 우리 시대에도 여전한 시의 힘과 가없는 깊이를 제대로 보여주고 있는 시집이다. 올곧고 치열하게 살아낸 경륜과 문사철文史哲 인문학적 지성과 교양, 그리고 삶과 존재의 본질에 대한 끝없는 천착의 혜안으로 피워 올린 것이 시라는 것을 모범적으로 다시금 확인해주고 있는 시집이다.

이번 시집에 실린 시편들은 서정적이면서도 치열한 현실 의식이 내장돼 있다. 현실 의식의 시이면서도 서정적으로 펴며 감동을 확산시키고 있다. 삶과 존재의 총화가 시인데 현실이며 서정으로 나누는 것 자체를 무화시킬 정도로 현실과 서정을 자연스레 봉합, 우리네 이 아등바등한 현실적 삶을 가없이 깊게 하며 통찰의 혜안을 주고 있는 시집이 『들판에 누워』다.

그런 시의 힘과 깊이, 혜안을 잘 보여주고 있다 생각해 이 글 맨 위에 올린 시 「비상」을 감상해보시라. 마지막 한 행을 별도의 연으로 독립시켜 각별한 의미를 준 "산다는 것 그래서 날아오른다"는 시의 주제, 명제에 이르기 위해 시인이 치열하게 살아낸 현실적 삶의 고통과 상처가 솔직하게 드러나고 있지 않은가.

그런 고통의 힘으로 날려 올린 새는 창공에서 어느 순간 머리는 하늘이 되고 깃털은 바위가 되어, 우주 삼라만상과 생생하게 한 몸이 돼가는 서정을 펴고 있지 않은가. 치열한 현실 인식이면서도 그것을 딛고 날아올라 삼라만상과 일체가 돼가는 게 삶이며 세계의 본질이라는 비범한 혜안의 서정을 힘 있게 펴고 있지 않은가.

신평 시인은 법조계에서는 알아주는 판사요, 변호사다. 그리고 학자로서 전국 학회인 헌법학회장도 맡고, 로스쿨과 사법연수원 강단에서 오랜 시간 후학을 지도하기도 한 명망 있는 법조인이다. 그런 법조인이 예순을 앞두고 경주 산자락에 심허산방心虛山房을 짓고 들어가 세속의 마음 비우고 시의 밭을 갈아 2012년 첫 시집 『산방에서』를 펴내며 시단의 각광을 받았다.

"산방山房에 앉아/ 내다보는/ 삶과 저승의 흐릿한 경계// 고요한 하늘강에/ 몸 담그어/ 때를 씻는다"(「산방에서」)는 표제작 부분에도 잘 드러나듯 시인은 삶과 저승, 현실과 이상, 나와 너 등등 상반된 경계를 명징하게 의식하고 있다. 그러면서도 첫 시집 머리에 밝혔듯 "또렷한 정신으로 하늘과 바람과 구름과 별들을 짚으며"(「시인의 말」) 그런 대자연과 하나 되는, 이분법의 때를 벗기며 합일로 가는 명징한 시정신을 천착해가고 있다.

이런 시인의 시 세계는 "맑고 빼어난 지성과 순정성, 학자적 고고함으로 외화外華를 거두고 내실內實을 추구하는 시"란 평을 받아오고 있다. 그런 신 시인이 꽉 찬 서정의 내실을 실감으로, 제대로, 한층 힘 있고 구체적으로 보여주고 있는 시집이 이번『들판에 누워』다.

노년의 경륜이 갈무리된 중후한 서정 시편

"오월 아카시아/ 허리 부러지게 꽃대 달았다/ 오월 하늘은 언제나 손에 닿고/ 뻐꾸기 소리 언제나 나른하다/ 전설처럼 고요하게 내려앉은 숲/ 한 언저리에 서서/ 이제 기다리는 사람 하나 없으니/ 어쩌면 홀가분한 마음/ 나무는 나이 들수록/ 몸통을 비우나/ 사람은 나이 들면/ 생각을 비우고 가벼워져/ 아카시아 흰 꽃잎 타고/ 뻐꾸기에게 찾아갈 일이다"(「나이」 전문)

만물이 푸르게 생장하는 계절의 여왕 5월을 서정적으로 읊은 시다. 5월 하늘 흰 구름처럼 흐드러지게 피어나 천지간을 달짝지근한 향으로 가득 채우는 아카시아꽃과 온몸의 공감각으로 하나가 돼가고 있는 시다. 나무 전체가 꽃으로 흐드러진 아카시아나무를 시인은 "허리 부러지게 꽃대 달았다"고 감각적으로 보면서 감당해내기 힘든 "나이"를 투사시키고 있다. 하늘에 닿을 듯 높이 솟은 아카시아나무는 온통 터지는 꽃숭어리로 부산한데 저 먼

데서 뻐꾸기 울음소리가 한적히 들려오는 가운데 어쩔 수 없이 늘어만 가는 나이의 무게를 떠올리고 있는 시이기도 하다. 그러면서 나이 들어간다는 생각, 아니 이런저런 인연에 얽힌 생각을 버리고 가벼이 자연과 하나가 될 길을 찾고 있다. 이처럼 이번 시집에서는 때론 의지적으로, 때론 서정적으로 노년에 이른 나이에 원숙하고 합당한 삶과 정신과 시를 모색하고 있는 시편들이 눈에 많이 들어온다.

> "갑자기 눈앞에 아무것도 보이지 않는다/ 얼마간은 그래도 비치던 희미한 빛/ 깡그리 사라진 암흑// 복사꽃 피는 언덕에서 맞던 부드러운 바람/ 황토에 뿌리 박고 오른 소나무 향기/ 계곡 웅덩이 피라미들의 완전한 자유로움/ 아쉬운 모든 것 뒤에 두고 들어온 동굴/ 필연은 결코 저항을 허용치 않는다// 펄떡거리는 생명 이지러지면/ 들어서는 동굴의 길/ 거역할 수 없는 지시가 무섭다/ 동굴은 과연 끝나고 저편 세상이 달리 존재할까/ 초조한 의문이 동굴 벽 기어오른다/ 어색하기만 한 이곳/ 나는 어디에 어떻게 서 있어야 하나"(「동굴」 전문)

어느 날 문득 자신의 나이에 당혹스러울 때가 있다. 부러 잊고 지내려 애썼던 나이와 어쩔 수 없이 맞닥뜨렸을 때 든 당혹감을 동굴에 비유해 쓴 시다. "늙으면 달라지는 것들/ 눈이 침침해지고/ 이빨 흔들거리고/ 녹은 관절에 시린 다리"(「늙은 고양이」)라고 시인도 말하듯 거역할 수 없는 신체 증상 등이 나이에 필연적으로, 저항할 수 없이 맞닥뜨리게 한다. 해서 시인은 그런 나이에 합당한 이치, 순리를 찾기 위해 세상과 격리된 동굴을 위 시에서 설정했고 실제로 산방에도 든 것이다. 나이에 끌려가는 나약한 수동이 아니라 능동적 의지로.

"끝이 가까워지면 처음이 보인다/ 시간은 거슬러 올라간다/ 스쳐 지나가는 주마등/ 하나하나에 생기는 순간의 정지// 기쁘고 좋았던 적 없지 않으나/ 왜 그랬을까/ 뉘우침이 덮쳐버린다/ 이제 조용히 모두 거두어/ 나만의 광에 넣는다// 내 작은 안식처/ 햇볕 드는 낡은 창문 향해/ 가만히 나무로 만든 왕관을 쓴다/ 가난한 마음으로 드리는 기도/ 덜 끝난 삶의 매듭 만지며/ 고요 속에 가라앉는다"(「나무 왕관」 전문)

시인의 내면과 외면 풍경이 그대로 보일 듯한 시다. 산방에서의 마음 수련과 시 쓰기의 삶이 그대로 읽힌다. 이래서 신 시인은 삶과 시가 여일하다는 평을 받고 있을 게다. "끝이 가까워지면 처음이 보인다"는 첫 행의 명제는 시간을 거슬러 부단히 삶을 회고하고 반성하는 가운데 터져 나왔을 것. 그러면서 시가 진행돼나가면서 그런 마음의 부단함과 부산함도 차츰 고요 속으로 침잠해 들어가고 있다. 그런 끊임없는 반성과 후회를 거쳐 처음과 끝이 같다는 각성에 이르며 이제 진정한 자아, 마음을 찾아 삶과 세상의 주인으로서 나무 왕관을 쓰고 있는 시다.

> "비 내린 후 깊어진 성당 마당/ 새들 지저귀는 사이로/ 가을빛 천천히 내려앉는다/ 아직 여름이라/ 매미 소리 가득한데/ 계절은 아픈 소리 삼킨 채/ 조금씩 뒷걸음친다/ 뭐 하나 좋아질 리 없는/ 쓸쓸함에 목이 메고, 걸상에 앉아/ 열어지는 빛 매만진다"(「지나가는 여름」 전문)

여름 가고 가을이 올 무렵이면 들게 마련인 우주에 만연한 삽상한 심상을 서정적으로 펼치고 있어 누구든 공감할 시다. 자신의 마음을 애써 꾸며 피력하지 않고 자연에 빗대 진솔하게 펼치는 게 이번 시집의 특장이다. 그러면서 시인의 나이, 노년의 심상도 서정적으로 겹쳐지게 하고 있다.

"바람에 닳은 가랑잎/ 힘이 다해/ 스스로 손 놓는다// 길게 공중에 그려지는 선/ 줄 되어 튕기는 소리/ 쪽빛 하늘로 펴진다// 누가 줄을 건드렸을까"(「늦가을」 전문)

떠날 것은 다 떠나가며 텅텅 비어가는 늦가을. 그래서 뭐가 건들기라도 하면 금방 끊어질 듯 팽팽히 긴장된 심혼心魂을 울리는 서정적 절창이다. 세 연으로 구성된 이 시 첫 연은 떨어질 때가 다 돼 지는 낙엽을 그대로 그리고 있다. 둘째 연에서는 그 낙엽이 허공에 날리는 모습을 공감각적으로 묘사하고 있다. 그리고 마지막 시인의 감정이 들어가며 천지에 미만한 늦가을의 심상을 가없이 넓고 깊게 퍼지게 하고 있다. 이런 절창에도 나이, 연륜이 어쩔 수 없이 묻어난다. 아니, 그런 연륜 없이는 감히 범접하지 못할 경지를 보여주는 시다.

"소멸 쪽으로 가리키는 늙음의 모든 지표들/ 내가 없어지는 것 무엇을 의미할까/ 내가 설정한 관계는 나의 부존재로 어떻게 변화할까// 만추의 식어가는 바람/ 긴 여운 숲에 던지며 지나갈 뿐/ 나는 흐르는 시간의 구멍 사이로 들여다볼 수 없다"(「노화」 부분)

'나'라는 존재에 대해 묻고 있는 시다. 이러저러한 인연으로 맺어진 세상, 세상의 관계에 대해 만추의 나이에 묻는다. 계절과 시간을 운행하는 바람, 세계의 본질에 대한 느낌은 늦가을 식은 바람의 촉감으로 짚일 법도 한데 시인은 "들여다볼 수 없다"고 한다. 불가사의한 것을 알 수 없다고 말하는 그 솔직함이 존재와 삶을 아득히 더 깊게 한다.

이처럼 이번 시집에는 환갑 어름 나이의 심상이 진솔하게 펼쳐지고 있다. 한세상 잘 살아낸 경륜으로 삶과 존재의 의미를 능동적이고 의지적으로 천착해 들어간다. 자칫 나약한 감상이나 억지스러운 관념으로 흐르기 십상인 나이 든 이후의 이런 주제를 서정적으로 잘 갈무리하며 실버 문학, 실버 시의 한 모범을 보이고 있다.

존재를 향한 진솔하고 끊임없는 탐구

"늙은 나이에 봄은/ 언제나 과분한 고마움이다/ 이른 봄 따스한 양기가 퍼진 들판에 누워본다/ 하늘이 너무 가까이 다가와 계면쩍은데/ 먼 차 소리 투명하게 흩어지고/

새들 지저귐은 퐁퐁거리며 날아다닌다/ 아, 아직 달린 마른 잎 하나/ 희미하게 나뭇가지 비빈다// 하늘과 새와 나무는 나와 같은 것일까 아닐까/ 나는 무엇일까"(「들판에 누워」 전문)

이번 시집의 표제작이다. 한 시집의 주제나 특징을 잘 보여줄 수 있는 작품이 표제작으로 오르게 마련이다. 두 연으로 구성된 이 시 앞 연에선 진술과 묘사로 시인의 심경과 풍경을 그대로 드러낸다. 첫 두 행은 심경의 진술이다. 나이 들어감에 따라 누구든 갖게 되는 마음을 깔끔하게 전하고 있다. "언제나 과분한"이란 형용구가 "고마움"을 한층 더 살갑게 드러낸다. 이어지는 첫 연 마지막 행까지는 극히 사실적인 묘사다. "아," 하는 감탄과 쉼표 하나가 아연 진술과 묘사를 겹쳐지게 하며 나뭇가지에 매달린 마른 잎 하나의 묘사가 나이를 진술하게 하는 서정抒情으로 이 시의 눈깔, 시안詩眼이 되게 하고 있다. 뒤 연은 진술이며 "나는 무엇일까"라고 존재를 묻는 이 시의 주제 부분이다. "하늘과 새와 나무" 등 우주 삼라만상과 하나 되고픈 심경을 피력하면서도 그냥 물음으로 남기고 있다. 확답이 아니라 이런 추측이나 의문이 시인의 심경, 삶의 내력이며 존재의 의미를 더 진솔하고 깊게 한다.

속의 생각이든 밖의 풍경이든 진술로만 일관하면 감상이나 독단에 빠질 위험이 있다. 반대로 묘사로만 나가면 시인의 정情이 묻어날 틈이 없어 비정한 사물 시, 콘크리트 시가 되고 만다. 그걸 익히 아는 시인이기에 진술과 묘사를 잘 섞어가며 시적 주제를 서정적으로 펴고 있는 시집이 이 『들판에 누워』다.

> "지나간 나의 존재는 언제나 흐릿해도/ 나로 인해 아마 숱한 상처 안았을 너/ 말없이 허공에 떠 있는 네 잔영/ 나는 왜 그 상처를 바로 보지 못할까// 내가 무엇이었든/ 너는 오롯이 너/ 이미 바다 거쳐 미지의 항구로 간 배"

"나"와 "너"에 대해 묻고 있는 시 「너」 후반부다. 이 시에서 "너"는 헤어진 사람이나 닿으려 해도 닿을 수 없는 꿈이나 이상 등 시인이 만나고 품고 있는 모든 대상을 다 포괄하면서도 "너는 오롯이 너"로 존재하는 대상, 철학적으로는 물物 그 자체, 본질적 세계로 향하고 있다. 나 아닌 모든 대상은 오롯이 자신 자체로 존재하는데 우린 또 얼마나 우리 주관적 관점에서만 그것들을 보는가. 그런 인간의 주관적 관점에서 만든 인위적인 세계상, 우주관을 타파하고 우주적 실체, 진리며 도道의 세계를 보아내겠다는 시로 내겐 읽힌다. 그런 철학적 깊이를 지닌 시이면서도 "이미 바다 거쳐 미지의 항구로 간 배"란 구절은 또 얼마나 서정적인가. 모든 걸 다 알아낼 수도 없고, 또 말로 다 표현할 수도 없는 오롯이 너로 있는 진리며 도의 세계를 "미지未知의 항구"로 보는 시선이 얼마나 진솔한가.

"나는 이제 비밀을 갖게 되었어요/ 다른 사람에게는 말할 수 없는/ 말해봤자 아무 소용도 없는/ 하지만 내게는 소중한/ 비밀이지요// 땡볕 내리쬐는 한적한 여름날/ 실잠자리 한 마리/ 왜 연꽃 사이로/ 하릴없이 돌아다니는지 혹 아나요// 그가 그렇게 하지 않으면/ 우주가 무너져요/ 그가 그렇게 함으로써/ 살아 있어요// 한 존재를 향한 크나큰 믿음/ 나만의 비밀로 간직하며/ 실잠자리처럼 기쁜 마음으로/ 절뚝거리는 생을 부축해나가지요"(「비밀」 전문)

경어체 어투와 주제의 깊이로 하여 만해 한용운의 널리 알려진 시 「알 수 없어요」를 떠오르게 하는 시다. "연꽃 같은 발꿈치로 가이없는 바다를 밟고, 옥 같은 손으로 끝없는 하늘을 만지면서, 떨어지는 날을 곱게 단장하는 저녁놀은 누구의 시입니까"라고 공손히 물으며 선적禪的으로 존재의 근원을 파고드는 만해 선사禪師의 시 말이다.

위 시에서도 연꽃 사이로 하릴없이 나는 실잠자리 한 마리 보여주면서 존재의 근원을 파고들고 있지 않은가. 그런 존재가 없으면 우주가 무너져 내릴, 우주를 생성한 존재의 비밀을 알려주고 있지 않은가. 해서 이 시에서 제시한 연꽃 사이를 나는 실잠자리 한 마리는 석가모니가 영산에 모여든 수많은 중생들 앞에서 설법 대신 들어 보여준 연꽃 한 송이와도 같다. 말로는 다 전할 수 없는 도의 실상, 해서 이심전심으로 보여준 그 오묘한 세계를 이 시는 꿰고 있다. 나아가 절뚝거리는 이 확탕지옥 같은 현실에서도 그런 참진 세상을 향하고 있는 시로 읽힌다.

> "나이 듦에 따라/ 인연의 색깔/ 여름 나뭇잎마냥 짙어진다// 멈춘 한낮/ 산비둘기 소리에/ 비릿한 콩 새순 냄새가 실리고/ 연못 실잠자리, 소금쟁이 무심한 움직임에/ 연꽃이 몸을 뒤척인다// 한세상 살며 어지러움 없이/ 오직 차분한 바람이고 싶다/ 인연의 속을 찬찬히 훑어/ 고이 어루만지는 바람// 낮게 땅을 깔고 지나다가/ 가끔 바라보는 하늘/ 구름과 낮달, 새와 벌, 뭇 나비/ 모두 스치는 인연이다"(「작은 깨침」 전문)

이런저런 인연의 삶, 경륜의 나이가 한소식하고 있는

시다. 불가佛家에서는 문득 어느 순간 세상의 이치를 확깨치는 것을 흔히 '한소식'이라 부른다. 이 시에서도 둘째 연에서 "멈춘 한낮"이라며 문득 한소식하고 있다. "멈춘 한낮"은 글자 그대로 모든 것이 멈춘 환한 한순간이다. 그 정지된 순간은 과거의 추억과 미래의 예감이 함께하는 영원한 순간으로서의 현재진행형이다. 그런 순간에 실잠자리며 소금쟁이며 연꽃이며 산비둘기며 콩의 새순 등 만물이 한 가족으로 연결돼 있다. 그런 "멈춘 한낮"의 순간에 시인은 한 가족이면서도 제각각은 또 제각각의 특성으로 오롯이 존재하는 일즉다一卽多요, 다즉일인 화엄 세상을 보여주고 있다. 그것도 "산비둘기 소리에/ 비릿한 콩 새순 냄새가 실리고"라는 빼어난 공감각의 실감으로. 시각, 청각, 후각, 미각, 촉각 등 인간의 오감 중 두 감각 이상이 섞이면 우리는 아연 우주 삼라만상과 한 식구라는 것을 실감하게 된다. 해서 공감각은 가장 고도의 시적 수사인데도 시인은 "멈춘 한낮"에 아주 자연스레 그런 지경을 보여주고 있다. 뿐만 아니라 시의 요체인 서정의 순간성의 시학과 동일성의 시학에도 자연스레 다가서며 범상치 않은 시적 내공도 엿볼 수 있게 한다. 경륜의 진지하고 솔직한 시법, 존재를 향한 끊임없는 탐구가 이런 시의 정수에 자연스레 이르게 한 것이다.

명징하게 도통道通해가는 서정의 광휘

"나는 어디서 와서 어디로 가는 것일까/ 진부한 질문이라 해보나 마나지만/ 까닭 없이 막막한 날 이어지기 때문이다/ 주위의 공간은 자꾸 오그라들고/ 세어보지는 않아도 살날의 숫자는 점점 줄어들며 목이 좁아든다"

시인이 왜 삶과 존재와 도에 대해 묻고 있는지 솔직히 밝히고 있는 시 「피안」 한 대목이다. 나이는 한 살 한 살 더 늘어나고 살아갈 날은 하루하루 줄어들기 때문이다. 막막한 중년, 노년의 날이 이어지는 현실의 불안감 때문이다. 해서 시인은 그런 현실의 이 차안此岸에서 제목처럼 현실 너머 저 피안彼岸을 설정해두고 있다. 변함없고 근심 걱정 없는 현실 초월적 참진 세계의 추구로 생을 더 깊고 윤택하게 하기 위해서다.

"찬 바람 헐떡이는 빈 들판에/ 서러운 사람들 모였다/ 하늘 내려오며 와글거리는 소리 시끄럽더니/ 일순 휜 침묵으로 텅 빈 공간을 깔았다/ 아픈 가슴의 열기일랑 쩍

쩍 갈라지는 한기에 맡기고/ 오직 나는 나일 수밖에 없다는 명징, 그 위에 섰다/ 저 벌판에도 아지랑이 다시 흔들릴 것이다/ 침묵은 금이 가며 깨어지고, 그 사이로 나타날 환한 얼굴들/ 그날을 기다리며 긴 조바심 갈증으로 삼킨다"(「눈 내린 날」 전문)

제목처럼 눈 내린 날의 모습과 상념을 드러내고 있는 시다. 찬 바람만 휘몰아치는 허허벌판을 대책 없이 내던져진 존재들이 살아가야 하는 실존의 한계상황, 서러운 사람들이 모여 사는 이 차안의 고해苦海처럼 펼쳐놓고 있다. 그런 세상에 눈이 내려 온 세상 하얗게 변하면서 "일순 흰 침묵으로 텅 빈 공간"이 된다. 흰 눈, 흰색을 바탕으로 하여 더욱 확연하게 드러날 "나"와 개개의 존재들을 명징하게 사유할 수 있는 '침묵의 텅 빈 공간'으로 시인은 한순간 들어서고 있는 것이다. 선禪에서 말하는 '일초직입여래지一超直入如來地', 한순간 문득 초월해 변함없는 진리의 지경에 든 것이다. 그런 지경에서 자신은 물론 모든 존재가 명명백백 자신들의 존재와 존재 이유를 밝히는 참진 세상에 들겠다는 희원을 드러내고 있는 시다.

"너는 흙에서 나왔으니/ 흙에 고통의 땀을 쏟아라/ 분노와 한숨은 모질게 네 영혼을 갉아먹으리// 네 땀과 눈물은/ 어느덧 바람이 불어 마르고/ 흐릿한 대지는 무표정하게/ 네 숨을 거두어 간다// 흙으로 돌아간 너/ 바람은 다시 불어 먼지로 날려 보내고/ 너는 무엇이고 어디에 있었더냐// 깊은 물속 큰 어둠에서 솟는/ 초월에 대한 열정/ 초원의 풀 사이 빛으로 타오르고/ 빛 속의 빛이 비친다// 문득 깨달음으로/ 신의 광휘에 포섭되니/ 아 기도는 나의 힘, 내 존재의 의미"(「기도」 전문)

장중하면서도 참 명징한 시다. 현실과 초월의 상반된 세계를 명징하게 대비하며 하나로 꿰고 있다. 다섯 연으로 구성된 이 시에서 앞 세 연은 '너는 무엇이고 어디에 있었고 어디로 가느냐'는 일생 품게 마련인 현실적 질문에 극히 사실적, 과학적으로 답하고 있다. 흙에서 왔으니 흙으로 돌아가 바람에 날려 먼지로 흩어지는 게 우리네 삶의 변할 수 없는 이치다. 동서고금 다들 그렇게 말해왔지만 이같이 명징한 사유로 실감 있게 전하기는 어려울 것이다. 거기에 "분노와 한숨은 모질게 네 영혼을 갉아먹으리"라는 경륜의 실감으로 "흙에 고통의 땀을 쏟"으라는 교훈까지 얹어놓고 있지 않은가.

네 번째 연에서는 "초월에 대한 열정", "깨달음"에 대한 희구를 말하고 있다. 어느 바람결에 먼지 되어 흩어질 우리네 육신의 원소들이 또 어느 별 어느 하늘 아래 무언가로 모인다는 것이 물질불변의 과학적 법칙이요, 불교에서 말하는 윤회전생輪迴轉生이다. 또 우리 인간은 육신이라는 물질적 존재 너머의 그 무엇인 영적인 존재 아니던가. 그런 문득 깨달음의 영적인 존재로서의 영원한 빛의 세계를 4연에서는 희구하며 구체화하고 있다.

마지막 연에서는 그런 초월적 세계와 현실적 세계를 기도, 희구로 하나로 잇는다. 땀과 고통을 대지에 뿌린 자, 현실을 치열하게 사는 삶이라야 비로소 빛 속의 빛, 온통 빛인 초월적, 영적 세계에 이를 수 있음을 강건하고 힘 있는 명징한 어조로 보여주고 있는 시가 「기도」다.

> "무서리 내려 흰 벌판/ 홀로 아득히 서니/ 늦가을 낡고 해진 풀잎들// 풀잎에서 떨어지는/ 눈물방울 모여/ 강이 되고 바다가 된다// 너를 비워, 너를 비워/ 나직한 안개의 소리// 비움으로써 가난해지고/ 가난해진 자리에/ 은총이 담긴다는 말// 아침 햇살이 반짝인다"(「비움」 전문)

서정적으로 자연과 하나가 돼가는 시다. 늦가을 서리 맞아 낡고 해진 풀잎과 시인의 노년이 아주 자연스레 겹쳐지고 있다. 그러면서 낡은 풀잎에 맺힌 서리 물방울 하나로 끝없이 펼쳐지는 우주적 파노라마, 윤회전생을 환기하고도 있다. 그런 신의 섭리, 은총의 광휘에 포섭되기 위해 시인은 '비우라'는 교훈을 준다. 이런 깨달음과 교훈은 물론 이슬방울을 눈물로 보아내는, 이 고해 같은 현실을 치열하게 살아내며 되새기는 시인의 경륜에 의해 나온 것이기에 서정시이면서도 실감의 힘이 그대로 느껴진다. 이렇듯 이번 시집에서는 경륜과 존재를 끝없이 천착해가는 열정으로 서정 시편들이 초월적, 영적인 광휘를 실감으로 뿜어내고 있다.

묘오妙悟 지경을 실감으로 드러내는 서정적 역량과 깊이

"네가 들어올 때 나는 물러섰고/ 내가 들어갈 때 너는 뒷걸음쳤다/ 둘은 언제나 손을 마주 잡지 못했다/ 마음엔 단지 잠깐 마주친 흔적밖에 없었고/ 이질의 느낌은 사막 한가운데의 별로 떠올랐다/ 애처로이 퍼덕거린 별// 세월의 슬픔 푸른 강물로 쌓였으니/ 너와 나 사이를 가로막아 흐르고/ 돌이킬 수 없는 별리別離의 상처/ 깡마른 기침으로 쿨럭거린다// 네가 들어올 때 내가 네 얼굴을 봤더라면/ 내가 들어갈 때 네가 내 숨결을 들었더라면/ 그래서 오아시스의 수변에 함께 앉아/ 긴 휴식의 날개를 퍼덕였을 환상// 인연은 강물 속으로 사라진 지 오래인데/ 지루함에 지쳐 눈이 감기는데/ 홀연 먼 눈부심으로 나타나는 너"(「우리」 전문)

"너"는 서로 밀고 당기며 엇갈리기만 했던 첫사랑 상대로 볼 수도 있다. 현실에 끊임없이 부대끼는 순정 혹은 이상이며 진리로도 볼 수 있다. 현실과 이상, 인간과 자연, 언어와 실재 사이에 벌어질 수밖에 없는 틈새에서 홀연 눈부시게 터져 나오는 돈오頓悟적 각성, 깨우침이며 시일 수 있다. 원래 하나였다 나뉜 개개들이 다시 "우리"라는 하나로 되고픈 그리움으로 볼 수 있다. 이렇게 시인은 문사철이 합쳐진 인문학적 교양과 경륜으로 우리네 삶의 본질, 진실을 탐구하며 그런 관념적 세계를 실제 세계로 구체화해 보여준다. 열사의 사막 같은 현실에 오아시스 같은 샘 하나 파놓고 삶의 가없는 깊이와 위안을 준다. 그러면서 현실과 이상, 환상과 실현 가능한 꿈이 상반된 것이 아니라 하나임을 명징한 사유로 깊은 강물처럼 흐르게 하고 있다.

"누군가 다가온 듯/ 귀가 열린다/ 귀에 닿는 엷은 숨결/ 누구의 것일까// 꽃잎 열릴 때/ 호수 위 잠자던 바람/ 기지개를 켠다// 세상 어느 꽃/ 그대 숨결만 할까// 속절없이 쌓이는 기다림/ 꽃은 떨어지고/ 아득히 멀어지는 떨림"(「기다림」 전문)

꽃 피는 봄 호숫가에 앉아 부드러운 봄바람을 촉감하며 첫사랑의 순정, 숨결을 아직도 느끼며 아쉬워하는 연시戀詩로 읽어도 좋을 시다. 이 세상 통통 다 털어도 첫사랑의 순정만큼 예쁘고 귀한 꽃이 또 어디에 있겠는가. 그런 순정을 아직도 실감의 숨결로 살갑게 느끼고 있는 시로 감상해도 좋다.

다시 한번 읽어보면 그런 연시로 봐 넘기고 말기엔 아까운 시적 깊이를 내장하고 있는 시다. "속절없이 쌓이는 기다림"의 대상은 첫사랑이면서 또 세상의 본질을 통찰하는 깨우침일 것이다. 꽃을 피우고 우주를 낳고 운행하는 도일 것이다. 시인은 삼라만상을 낳고 생장하고 거두는 그런 우주의 미만한 도를 귓불의 촉각으로 명징하게 감촉하며 그 누구의 엷은 숨결, 봄바람으로 구체화해놓고 있는 것이다.

“가을은 왜 이렇게 어눌하기만 할까/ 하고 싶은 말을 아예 감춘 채 시치미 뗀다/ 하늘은 짐짓 무심한 표정이고/ 바람도 그냥 실없이 지나가 버린다/ 좋아한단 말 한마디 못 하고/ 끙끙 앓으며 너 잘되기만을 바라는/ 그래서 바보 같지만 속에 담은 말이 많은/ 어느 남정네의 초상이 떠오른다/ 길 가다 혹여 돌부리 받혀 넘어질까/ 곧 닥칠 북풍한설 찬 기운에 장작이라도 때고 살까/ 애닳아 하면서도 내색 한 번 할 수 없는/ 그 남자가 바로 가을이오”(「가을」 전문)

제대로 고백도 할 수 없는 첫사랑의 안타까운 심상을 가을에 빗댄 시다. 가을이라는 계절과 하늘과 바람에 빗댄 그 심상은 첫사랑 순정에만 머물지 않고 본질적 세계 전반으로 깊이 있게 확산돼나간다. 순정을 아무리 잘 고백한다고 해도 그 마음의 반의반도 제대로 전달할 수 없는 게 말, 언어라는 것을 우린 경험을 통해 익히 알고 있다. 그렇다고 섭리, 도의 표상인 하늘과 바람 등 자연도 그걸 알아서 전해주지는 않는다. 그런 불립문자不立文字의 오묘한 세계관이 시 편편에 짙게 깔려 있다. 이번 시집에 실린 연애 시편들도 첫사랑의 순정처럼 실감은 하고 있으나 말로는 제대로 드러낼 수 없는 도의 세계를 내장한 깊이를 지니고 있다.

> "1/ 바람 부는 벌판에 서면 그대가 왠지 생각났다 지독한 황홀, 애초 바람으로 왔다 메마르고 긴 공백을 거치며 떠올리는 그대 모습 언제나 바람이었다 헐떡이며 지나가던 청춘, 그대 그나마 가끔 바람이 되어주었다// 2/ 바람은 먼지가 되어 쌓인다 먼지 펄썩이는 언덕에 핀 오월의 찔레꽃, 서럽게 떤다 매 한 마리 솟구쳐 오른 뒤 날개를 고정한 채 유유히 활강한다 하늘 저편 번지는 정적, 이리로 내려오겠지 지상에 남긴 내 흔적 지워질 때 그대, 약간의 쓸쓸한 바람으로 일렁일까"(「바람의 뜻」 전문)

2장으로 구성된 이 시의 주어는 바람이고 대상도 바람이며 주제도 제목처럼 "바람의 뜻"이다. 바람 하나가 일파만파 심상을 무늬지게 하며 시를 이끌고 있어 형식도 산문시 형태를 취했을 것이다. 그렇담 이 시를 시종일관 하는 바람, 그리고 이번 시집 곳곳에서 만날 수 있는 바람의 정체, 뜻은 무엇일까.

나도 인도 북부 옛 티베트 땅 라다크 고원에 있는 명상센터에서 한 열흘간 바람에 대해 생각해본 적이 있다. 오방색 깃발 펄럭이게 하는 것, 하늘 가득한 별들을 별똥별로 내 눈 속에 떨어뜨리는 것, 설산의 만년설을 녹여 강물로 흐르게 하는 것, 그런 세상을 보고 듣게 하는 것도 다 바람임을 깨달은 적이 있다. 형체 있는 것들을 끊임없이 몸 바꾸어 윤회전생시키며 우주를 운행하는 것이 형체 없는 바람임을 언뜻 깨친 적이 있었는데…….

이 시를 보니 바람에 대한 그때의 깨침이 한층 구체적으로 떠오른다. 1장에서 바람은 "헐떡이며 지나가던 청춘"에 황홀한 의미를 주던 "그대 모습"으로 구체화되고 있다. 바람을 첫사랑 순정의 모습으로 읽어도 좋을 것이다. 지금도 마음속에 여전히, 영원히 불고 있는 푸르디푸른 청춘의 참모습으로.

2장에서 바람은 흩어진 먼지가 다시 쌓여 피어난 찔레꽃이며 솟구쳐 활강하는 매며 삼라만상 그 모든 것의 실체로 드러난다. 그런 세계의 파노라마를 보고 듣고 느끼는 쓸쓸한 감상이며 관념의 추상을 일으키는 내막도 바람으로 구체화되고 있다.

> "어떤 낯섦이나 두려움도 없는 이곳/ 무심無心은 벼 사이 길게 드러누워/ 한숨 잔다// 바람이 길게 스친다/ 억겁의 인연을 환기하며/ 그렇다, 이것이 마지막이라 한들/ 다신 마주치지 못하는 것이라 한들/ 그냥 몸을 뚫고 지나간

다// 쪽빛 하늘 광막한 고요가 받치고/ 가슴을 열어젖혀/ 하늘 물 받아 마시니/ 쪽빛으로 물드는 온몸/ 하늘과 나의 경계가 없어지며/ 하늘은 나, 나는 하늘/ 한 점 의심 없이 당당한 외침/ 나는 바로 우주다"(「논일 소묘素描」 부분)

위아래 물꼬가 잘 트여 적당하게 물을 채운 논을 바라보는 심경을 제목처럼 소묘한 시다. "소묘"란 글자 그대로 아무런 색깔이나 장식 입히지 않고 그린 밑그림, 데생을 말한다. 단순 소박하게 느낌을 그대로 그린 소묘인데도 어마어마한 깊이의 도가 내장돼 있다. 아니, "무심" 지경의 단순 소박이기에 그런 도에 이르고 있다.

이 시에서도 시인은 자신의 몸을 뚫고 지나가는 바람과 하나가 되며 도통道通의 지경에 이르고 있다. 하늘과 나는 물론 나와 모든 것 사이의 경계가 없어지며 "한 점 의심 없이" "나는 바로 우주다"라고 당당하게 외칠 수 있게 된 것이다. 이렇듯 시인은 세계를 운항하는 도 같은 고단위 관념마저도 첫사랑의 순정 같은 가슴 설레는 실감으로 구체화하는 시, 서정의 한 경지에 오르고 있음을 이번 시집은 잘 보여준다.

올곧은 현실 의식과 도저한 서정 의식이 빚어내는 시의 힘과 깊이

"가을바람은 소주다/ 나무들 홀짝거리며 마시다가/ 불콰한 나뭇잎들 어지러이 떨어진다/ 인연의 질긴 자석에 엉겨 붙어/ 마음속 빼곡히 쌓이는 시름들/ 저처럼 쉬 떨어질 수 있다면/ 하룻밤 내내 소주 마시지 못하랴"(「소주」 전문)

시작부터 발상이 참 재밌는 시다. 어느 가을바람에 우수수 지는 낙엽처럼 노년에 이른 시인의 심사는 착잡할 텐데도 풍류 서정이 넘쳐난다. 단군 이래 신라의 화랑 등을 거쳐 우리 민족 고유의 도로 흘러내린 풍류風流란 무엇인가. 문자 그대로 바람처럼 물처럼 흐르는 도 자체, 자연으로 한 몸이 되는 것이다. 그런 도와 시인의 착잡한 심사를 대비하며 풍류의 참뜻을 구체적으로 드러내 보이면서도 풍류의 표상인 바람과 나뭇잎 등 자연과 한 몸이 돼가고 있지 않은가. 소주라는 술을 매개로 하여 불콰하게 취한 단풍과 불콰한 시인이 서정적으로.

"마른땅 적시는 오월이면 죽순이 오른다/ 모란 큰 꽃잎 떨어져 흔들린 하늘 사이/ 죽순이 올라간다, 여기저기/ 출렁이는 함성으로// 따사한 숨결로 익어가는 계절/ 죽순 껍질 벗은 햇대 새로 섞여/ 더 큰 무리 이루는 대나무// 대나무는 언제나 흔들린다/ 혼자서 감당할 수 없는 슬픔/ 속삭이며 위로받는다/ 키 낮은 바람 깔릴 때/ 수런거리는 댓잎 소리/ 서로 흔들리고 서로를 부둥켜안으며/ 한세상 시름 비벼 내린다"(「대」 전문)

대숲을 소재로 하여 서정을 펼치는 이 시 대숲처럼 서늘하고 곧다. 꽃잎 한 장 떨어져 흔들리는 하늘을 짚어내는 시인의 긴장된 서정에서 죽순이 올라와 대숲으로 연대하는 5월은 단순한 계절이며 자연을 넘어 우리 현대사에서 지울 수 없는 1980년 광주의 5·18민주화항쟁을 곧바로 연상케 한다. 군대가 지켜야 할 자국 시민을 학살하는 현장을 한창인 시절에 목도했을 시인의 살아남은 자로서의 양심의 부채가 이런 시를 쓰지 않을 수 없게 했을 것이다. 그러면서도 그런 역사적 사건을 표면에 내세우지 않고 대숲의 서정으로 펼치는 서정적 형상력이 돋보인다. 서로 몸 비비며 부축하고 위로하며 연대해가는 광주민주화운동의 참뜻이 대숲의 서정에 온전하게 실리고 있지 않은가. 아니, 그런 역사적 배경을 깔지 않고서도 우리네 현실적 삶을 위무하는 서정으로 절절한 시 아닌가.

> "도저히 풀 수 없는 슬픔이라면/ 그가 내는 길 무작정 따라가야지/ 먼지 펄펄 나는 길 허덕이며 오래 걸으니/ 저 먼 속에 퍼덕이는 갈매기들/ 깃털 하나씩 가슴 항아리에 담아/ 돌아오는 길, 참을 수 없어 꺼이꺼이 울었더라/ 세월아, 아이들아"(「세월호」 전문)

제목이 없었더라면 가는 세월을 남몰래 탄식하는 시로 읽어도 좋을 서정과 깊이가 팽팽한 시다. 그러나 세월호에 수장된 학생, 아이들을 추모하는 시다. 그렇게 아이들이 떼죽음을 당할 수밖에 없게 만든 썩어 문드러진 사회를 방치한 기성인의 양심으로 울며 빌며 추도하는 시다. 그런 올곧은 현실 의식을 드러내면서도 서정적으로 펼쳐 나가는 시인의 도저한 서정성이 이 시의 감동을 더하며 독자들도 따라서 꺼이꺼이 울게 하고 있다. 바로 이런 신 시인만의 서정이 작금의 우리 시단을 양분하고 있는 현실 의식이나 참여시와 순수 서정시의 이분법의 공과功過를 단숨에 무화해버린다.

이 시집에 드러난 신 시인의 서정은 현실을 초월해 순수의 진공상태에 있는 게 아니다. 시인과 우리 사회의 현실을 직시하며 올곧게 살아온 체험, 경륜에서 나온 극히 현실적이며 사실적인 서정이다. 그런 명징한 서정이기에 올곧고 힘이 세다.

> "여름이 긴 꼬리 감추는 한구석/ 땀 뻘뻘 흘리며/ 연분홍 상사화/ 깨금발로 두리번거린다/ 하마 오늘은 오겠지/ 기다림은 언제나 어긋나고/ 고요는 단단하게 내려앉는다"(「상사화」 전문)

한여름 땡볕에 잎이 다 말라 죽으면 그때야 꽃대를 밀어 올려 꽃을 피우는 상사화相思花를 그린 시다. 잎과 꽃이 함께할 수 없어 어긋나게 마련인 우리네 첫사랑의 등가물로 고래로 여겨져 온 꽃이 상사화다. 그런 상사화를 시 전반부에선 있는 그대로 묘사하고 후반부에서 시인은 기다림으로 상사화와 한 몸이 돼가는 서정을 펴고 있다. 만날 수 없음에도 깨금발로 서서 기다리는 모습이 꼭 우리네 순정을 대변하는 꽃과도 같다. 그런 기다림 끝에 더욱 단단히 여물어가는 고요, 허정虛靜한 세상의 이치도 보일 법한 시다. 이처럼 신 시인의 서정은 세계의 본질을 향한 깊이도 천착해가는 내실 있는 서정이다.

"밖에서 왁자지껄 소리 들려/ 웬일인가 싶어 방문 활짝 여니/ 하늘에서 수많은 아이들/ 한 놈이 다른 한 놈 업고/ 살포시 살포시 땅에 내리는데/ 하, 이놈들 차곡차곡 쌓여/ 곳곳에 눈꽃 만드누나/ 오직 순백의 동화로 덮인 세상/ 오늘만큼은 나도 아무 부끄럼 없어라"(「눈」 전문)

참 예쁘고 환한 시다. 눈이 내려 눈꽃 세상을 만들어나가는 이 시에서 슬픔이나 부끄러움의 그림자, 눈꽃의 그림자는 어디에서도 찾을 수 없이 환하고 명징하다. 동심으로 순백의 동화 세상을 펼치고 있는 시다. 그런 순백의 동화 세상도 정적이지 않고 생동적이다. 생명의 에너지가 가득 찬, 한 놈이 다른 한 놈을 업고 내려오는 왁자지껄한 공감각을 보시라. 그런 눈과 한마음, 동심이 되지 않으면 도저히 표현할 수 없는 대목 아닌가.

이런 환한 마음, 동심의 시를 보니 앞서 살폈던 "끝이 가까워지면 처음이 보인다"는 시 「나무 왕관」의 첫 행이 떠오른다. 아이들은 동심으로 어른들의 아버지, 스승이다. 경륜이 꽉 차면 다시 그런 동심의 아이로 돌아가고 그렇게 끝은 처음과 맞물려 순환하는 게 우주의 이치다. 그런 도의 묘오한 세계를 실감으로 명징하게 깨닫고 서정적으로 펼쳐 보여주는 시집이 「들판에 누워」다. 이런 올곧으면서도 살갑고 가없는 깊이의 내실 있는 서정 시편들 앞으로도 많이 많이 보여주며 시로써도 일가를 이루시길 빈다.